50 Ultimate Chinese Cooking Dishes for the Family

By: Kelly Johnson

Table of Contents

- Sweet and Sour Pork
- Kung Pao Chicken
- Peking Duck
- Mapo Tofu
- Beef and Broccoli
- Hot and Sour Soup
- General Tso's Chicken
- Dumplings (Jiaozi)
- Egg Fried Rice
- Lemon Chicken
- Chow Mein
- Wonton Soup
- Sautéed Green Beans
- Mongolian Beef
- Braised Pork Belly
- Eggplant with Garlic Sauce
- Char Siu (BBQ Pork)
- Shrimp with Lobster Sauce
- Scallion Pancakes
- Spring Rolls
- Dim Sum (Assorted Dumplings)
- Orange Chicken
- Sweet and Sour Shrimp
- Chicken with Cashew Nuts
- Sizzling Beef with Black Pepper
- Stir-Fried Bok Choy
- Cantonese Roast Duck
- Mapo Eggplant
- Red-braised Pork
- Chinese Hot Pot
- Chow Fun (Stir-Fried Rice Noodles)
- Steamed Fish with Ginger and Scallions
- Fried Wontons
- Zha Jiang Mian (Noodles with Meat Sauce)
- Shrimp Fried Rice

- Steamed Pork Buns (Baozi)
- Prawn Toast
- Beef and Pepper Stir-fry
- Cumin Lamb Stir-fry
- Chinese BBQ Ribs
- Dan Dan Noodles
- Soy Sauce Chicken
- Stir-Fried Noodles with Vegetables
- Lion's Head Meatballs
- Braised Tofu with Mushrooms
- Pork and Chive Dumplings
- Steamed Buns with Red Bean Paste
- Stir-Fried Snow Peas
- Fried Tofu with Sweet and Sour Sauce
- Chinese Cabbage Stir-Fry

Sweet and Sour Pork

Ingredients:

- **Pork tenderloin** (cut into bite-sized pieces)
- **Cornstarch**
- **Egg** (beaten)
- **Vegetable oil** (for frying)
- **Bell peppers** (sliced)
- **Onion** (sliced)
- **Pineapple chunks**
- **Vinegar**
- **Sugar**
- **Ketchup**
- **Soy sauce**
- **Salt and pepper**

Instructions:

1. **Prepare the Pork:**
    - Season pork pieces with salt and pepper. Coat the pork in cornstarch and dip in beaten egg.
2. **Fry the Pork:**
    - Heat oil in a pan and fry the pork pieces until golden and crispy. Remove and set aside.
3. **Make the Sauce:**
    - In a bowl, mix vinegar, sugar, ketchup, and soy sauce. Heat a little oil in a pan, and sauté bell peppers, onions, and pineapple chunks. Add the sauce mixture and cook until it thickens.
4. **Combine:**
    - Add the fried pork to the pan, and toss everything together to coat in the sauce.
5. **Serve:**
    - Serve hot with steamed rice.

Kung Pao Chicken

Ingredients:

- **Chicken breasts** (diced)
- **Peanuts**
- **Dried red chilies**
- **Bell peppers** (sliced)
- **Garlic** (minced)
- **Ginger** (minced)
- **Soy sauce**
- **Rice vinegar**
- **Sugar**
- **Cornstarch**
- **Sesame oil**
- **Vegetable oil**

Instructions:

1. **Prepare the Sauce:**

    - In a bowl, mix soy sauce, rice vinegar, sugar, and a tablespoon of water. Set aside.

2. **Cook the Chicken:**

    - Heat vegetable oil in a pan and stir-fry the chicken until cooked through. Remove and set aside.

3. **Stir-Fry Vegetables:**

    - In the same pan, add garlic, ginger, dried chilies, and bell peppers. Stir-fry for a few minutes.

4. **Combine:**

    - Add the chicken back to the pan along with the sauce and peanuts. Stir-fry everything together for a couple of minutes, then drizzle with sesame oil.

5. **Serve:**

    - Serve hot with rice.

Peking Duck

Ingredients:

- **Whole duck**
- **Hoisin sauce**
- **Soy sauce**
- **Chinese five-spice powder**
- **Honey**
- **Rice vinegar**
- **Cucumber** (sliced)
- **Spring onions** (sliced)
- **Pancakes or thin tortillas**

Instructions:

1. **Prepare the Duck:**
    - Rub the duck with soy sauce, five-spice powder, and honey. Let it sit for a few hours.
2. **Roast the Duck:**
    - Preheat your oven to 375°F (190°C). Roast the duck for 1-1.5 hours, until crispy, basting with hoisin sauce occasionally.
3. **Serve:**
    - Serve the duck with cucumber and spring onions in pancakes or tortillas. Drizzle with extra hoisin sauce.

Mapo Tofu

Ingredients:

- **Soft tofu** (cubed)
- **Ground pork or beef**
- **Sichuan peppercorns**
- **Garlic** (minced)
- **Ginger** (minced)
- **Soy sauce**
- **Chili bean paste**
- **Doubanjiang** (fermented bean paste)
- **Vegetable oil**
- **Rice wine**
- **Spring onions** (chopped)
- **Cornstarch slurry** (cornstarch mixed with water)

Instructions:

1. **Cook the Pork:**
    - Heat oil in a pan, then stir-fry the ground pork until browned. Add garlic, ginger, and Sichuan peppercorns, cooking for another 2 minutes.
2. **Add the Sauces:**
    - Add chili bean paste, doubanjiang, soy sauce, and rice wine. Stir well.
3. **Add Tofu:**
    - Add tofu and cook gently, allowing it to absorb the flavors. Thicken with cornstarch slurry and simmer for 5 minutes.
4. **Serve:**
    - Garnish with spring onions and serve with steamed rice.

Beef and Broccoli

Ingredients:

- **Beef (flank steak or sirloin)** (sliced thin)
- **Broccoli florets**
- **Garlic** (minced)
- **Soy sauce**
- **Oyster sauce**
- **Sugar**
- **Cornstarch**
- **Rice wine**
- **Vegetable oil**

Instructions:

1. **Marinate the Beef:**
   - Combine soy sauce, rice wine, and cornstarch in a bowl. Marinate the beef for 20 minutes.
2. **Stir-Fry:**
   - In a pan, heat vegetable oil and sauté garlic. Add the marinated beef and stir-fry until browned.
3. **Cook the Broccoli:**
   - Add broccoli to the pan and stir-fry for another 3-4 minutes until tender.
4. **Make the Sauce:**
   - In a small bowl, mix oyster sauce, soy sauce, sugar, and a little water. Add the sauce to the pan and cook for another 2 minutes.
5. **Serve:**
   - Serve hot with steamed rice.

Hot and Sour Soup

Ingredients:

- **Shiitake mushrooms** (sliced)
- **Tofu** (cubed)
- **Bamboo shoots** (sliced)
- **Pork or chicken** (sliced thin)
- **Soy sauce**
- **Rice vinegar**
- **Chili paste**
- **Sesame oil**
- **Egg** (beaten)
- **Cornstarch**
- **Spring onions** (chopped)
- **White pepper**

Instructions:

1. **Prepare the Soup Base:**
   - In a pot, combine water, soy sauce, rice vinegar, chili paste, sesame oil, and white pepper. Bring to a boil.
2. **Add the Ingredients:**
   - Add mushrooms, bamboo shoots, tofu, and meat to the pot. Let it simmer for 10 minutes.
3. **Thicken the Soup:**
   - Mix cornstarch with a little water to make a slurry, then stir it into the soup to thicken.
4. **Add the Egg:**
   - Slowly pour the beaten egg into the soup while stirring gently to create egg ribbons.
5. **Serve:**
   - Garnish with spring onions and serve hot.

General Tso's Chicken

Ingredients:

- **Chicken breasts** (diced)
- **Cornstarch**
- **Soy sauce**
- **Rice vinegar**
- **Sugar**
- **Chili flakes**
- **Ginger** (minced)
- **Garlic** (minced)
- **Vegetable oil**
- **Spring onions** (chopped)

Instructions:

1. **Prepare the Chicken:**
   - Coat the chicken pieces in cornstarch.
2. **Fry the Chicken:**
   - Heat oil in a pan and fry the chicken until golden and crispy. Remove and set aside.
3. **Make the Sauce:**
   - In the same pan, sauté garlic and ginger, then add soy sauce, rice vinegar, sugar, and chili flakes. Cook until it thickens.
4. **Combine:**
   - Add the fried chicken back into the pan and toss to coat with the sauce.
5. **Serve:**
   - Garnish with spring onions and serve with rice.

Dumplings (Jiaozi)

Ingredients:

- **Ground pork** (or chicken)
- **Ginger** (minced)
- **Garlic** (minced)
- **Spring onions** (chopped)
- **Soy sauce**
- **Sesame oil**
- **Wonton wrappers**
- **Water**

Instructions:

1. **Make the Filling:**

    - Mix ground pork, ginger, garlic, spring onions, soy sauce, and sesame oil.

2. **Assemble the Dumplings:**

    - Place a small spoonful of filling in the center of each wrapper. Wet the edges with water and fold the dumplings, pinching the edges to seal.

3. **Cook the Dumplings:**

    - Boil the dumplings in water until they float. For pan-fried dumplings, heat oil in a pan, add dumplings, and cook until crispy on the bottom.

4. **Serve:**

    - Serve with soy sauce or chili oil.

Egg Fried Rice

Ingredients:

- **Cooked rice**
- **Eggs** (scrambled)
- **Carrots** (diced)
- **Frozen peas**
- **Soy sauce**
- **Sesame oil**
- **Green onions** (chopped)
- **Vegetable oil**

Instructions:

1. **Prepare the Rice:**

    - In a pan, heat oil and cook scrambled eggs. Remove and set aside.

2. **Stir-Fry the Vegetables:**

    - In the same pan, sauté carrots and peas until tender. Add the rice and stir-fry for a few minutes.

3. **Combine:**

    - Add the scrambled eggs back into the pan, then season with soy sauce and sesame oil.

4. **Serve:**

    - Garnish with chopped green onions.

Lemon Chicken

Ingredients:

- **Chicken breasts** (sliced)
- **Lemon juice**
- **Lemon zest**
- **Honey**
- **Soy sauce**
- **Cornstarch**
- **Garlic** (minced)
- **Vegetable oil**

Instructions:

1. **Marinate the Chicken:**

    - Mix lemon juice, lemon zest, honey, soy sauce, and cornstarch. Marinate the chicken for 15 minutes.

2. **Cook the Chicken:**

    - Heat oil in a pan and cook the marinated chicken until golden.

3. **Serve:**

    - Drizzle with more lemon juice and serve with steamed rice.

Chow Mein

Ingredients:

- **Egg noodles** (boiled)
- **Chicken, beef, or shrimp** (sliced)
- **Carrots** (julienned)
- **Bell peppers** (sliced)
- **Soy sauce**
- **Oyster sauce**
- **Garlic** (minced)
- **Spring onions** (chopped)
- **Vegetable oil**

Instructions:

1. **Cook the Meat:**
    - Stir-fry your choice of meat until browned, then set aside.
2. **Stir-Fry the Vegetables:**
    - In the same pan, sauté garlic, carrots, and bell peppers.
3. **Combine:**
    - Add the boiled noodles and cooked meat. Stir in soy sauce, oyster sauce, and spring onions.
4. **Serve:**
    - Serve hot.

Wonton Soup

Ingredients:

- **Wonton wrappers**
- **Ground pork or chicken** (for filling)
- **Ginger** (minced)
- **Garlic** (minced)
- **Spring onions** (chopped)
- **Soy sauce**
- **Sesame oil**
- **Chicken broth**
- **Bok choy or spinach** (optional)

Instructions:

1. **Prepare the Filling:**

    - In a bowl, mix ground pork or chicken with ginger, garlic, spring onions, soy sauce, and sesame oil.

2. **Form the Wontons:**

    - Place a small spoonful of filling in the center of each wonton wrapper. Wet the edges with water and fold into a triangle or a pouch.

3. **Cook the Wontons:**

    - Boil a pot of water or chicken broth. Gently drop the wontons into the water and cook until they float, about 4-5 minutes.

4. **Serve:**

    - Serve the wontons in a bowl with hot chicken broth and optional bok choy or spinach.

Sautéed Green Beans

Ingredients:

- **Green beans** (trimmed)
- **Garlic** (minced)
- **Soy sauce**
- **Sesame oil**
- **Chili flakes** (optional)
- **Vegetable oil**

Instructions:

1. **Cook the Green Beans:**

    - Heat vegetable oil in a pan. Add green beans and sauté until tender and slightly charred, about 5-7 minutes.

2. **Add Flavor:**

    - Add minced garlic and sauté for another minute until fragrant. Stir in soy sauce and sesame oil. Add chili flakes for extra heat, if desired.

3. **Serve:**

    - Serve the green beans hot as a side dish.

Mongolian Beef

Ingredients:

- **Beef (flank steak or sirloin)** (sliced thin)
- **Green onions** (chopped)
- **Garlic** (minced)
- **Ginger** (minced)
- **Soy sauce**
- **Oyster sauce**
- **Sugar**
- **Cornstarch**
- **Vegetable oil**

Instructions:

1. **Marinate the Beef:**

    - Coat the beef slices in cornstarch. Let them sit for a few minutes.

2. **Cook the Beef:**

    - Heat oil in a pan and stir-fry the beef until crispy. Remove and set aside.

3. **Make the Sauce:**

    - In the same pan, sauté garlic and ginger. Add soy sauce, oyster sauce, and sugar. Cook until the sauce thickens.

4. **Combine:**

    - Return the beef to the pan, add green onions, and stir to coat in the sauce. Cook for another 2-3 minutes.

5. **Serve:**

    - Serve with rice.

Braised Pork Belly

Ingredients:

- **Pork belly** (cut into chunks)
- **Soy sauce**
- **Sugar**
- **Rice wine**
- **Ginger** (sliced)
- **Garlic** (whole cloves)
- **Star anise**
- **Cinnamon stick**
- **Water**

Instructions:

1. **Brown the Pork Belly:**

    - In a pot, sear the pork belly pieces until golden on all sides. Remove and set aside.

2. **Prepare the Braise:**

    - In the same pot, add soy sauce, sugar, rice wine, ginger, garlic, star anise, and cinnamon stick. Add enough water to cover the pork belly.

3. **Braised Cook:**

    - Bring the mixture to a boil, then reduce the heat to low. Simmer for 1-2 hours until the pork is tender and the sauce has thickened.

4. **Serve:**

    - Serve the braised pork belly hot with steamed rice.

Eggplant with Garlic Sauce

Ingredients:

- **Eggplant** (cut into strips)
- **Garlic** (minced)
- **Ginger** (minced)
- **Soy sauce**
- **Rice vinegar**
- **Sugar**
- **Cornstarch** (for slurry)
- **Chili paste** (optional)
- **Vegetable oil**

Instructions:

1. **Fry the Eggplant:**

   - Heat oil in a pan and fry the eggplant strips until tender and golden. Remove and set aside.

2. **Make the Sauce:**

   - In a pan, sauté garlic and ginger until fragrant. Add soy sauce, rice vinegar, sugar, and chili paste (if using). Stir to combine.

3. **Thicken the Sauce:**

   - Mix cornstarch with water to make a slurry, then stir it into the sauce to thicken.

4. **Combine:**

   - Add the fried eggplant back into the pan, stirring to coat with the sauce.

5. **Serve:**

   - Serve with rice.

Char Siu (BBQ Pork)

Ingredients:

- **Pork shoulder or pork belly**
- **Hoison sauce**
- **Soy sauce**
- **Honey**
- **Chinese five-spice powder**
- **Garlic** (minced)
- **Rice wine**
- **Red food coloring** (optional)

Instructions:

1. **Marinate the Pork:**

    - Combine hoisin sauce, soy sauce, honey, Chinese five-spice powder, garlic, rice wine, and red food coloring (if using) in a bowl. Marinate the pork for several hours or overnight.

2. **Roast the Pork:**

    - Preheat the oven to 375°F (190°C). Place the marinated pork on a rack and roast for 45 minutes, basting occasionally with the marinade.

3. **Serve:**

    - Slice the pork and serve with rice.

Shrimp with Lobster Sauce

Ingredients:

- **Shrimp** (peeled and deveined)
- **Garlic** (minced)
- **Ginger** (minced)
- **Soy sauce**
- **Chicken broth**
- **Oyster sauce**
- **Cornstarch**
- **Egg white**
- **Green onions** (chopped)

Instructions:

1. **Prepare the Sauce:**

   - In a pan, heat oil and sauté garlic and ginger. Add soy sauce, oyster sauce, and chicken broth, cooking for a few minutes.

2. **Add Shrimp:**

   - Add the shrimp to the pan and cook until they turn pink.

3. **Thicken the Sauce:**

   - Mix cornstarch with water and add to the pan. Stir until the sauce thickens.

4. **Add Egg White:**

   - Pour in the egg white and gently stir to form silky strands in the sauce.

5. **Serve:**

   - Garnish with green onions and serve with rice.

Scallion Pancakes

Ingredients:

- **All-purpose flour**
- **Hot water**
- **Salt**
- **Scallions** (chopped)
- **Sesame oil**
- **Vegetable oil**

Instructions:

1. **Make the Dough:**

    - Combine flour, salt, and hot water. Knead into a dough and let it rest for 30 minutes.

2. **Shape the Pancakes:**

    - Roll the dough into a thin circle. Brush with sesame oil, sprinkle with scallions, and roll it up into a cylinder. Coil the cylinder into a spiral and roll it out again into a pancake.

3. **Cook the Pancakes:**

    - Heat oil in a pan and cook the pancake until golden and crispy on both sides.

4. **Serve:**

    - Serve hot with dipping sauce.

Spring Rolls

Ingredients:

- **Spring roll wrappers**
- **Shrimp, chicken, or pork** (cooked and shredded)
- **Cabbage** (shredded)
- **Carrot** (julienned)
- **Glass noodles** (optional)
- **Garlic** (minced)
- **Soy sauce**
- **Vegetable oil**

Instructions:

1. **Prepare the Filling:**

    - Mix shrimp, cabbage, carrot, and noodles (if using). Season with garlic and soy sauce.

2. **Form the Spring Rolls:**

    - Place a spoonful of the filling on each wrapper and roll it up tightly.

3. **Fry the Spring Rolls:**

    - Heat oil in a pan and fry the spring rolls until golden and crispy.

4. **Serve:**

    - Serve with sweet chili dipping sauce.

Dim Sum (Assorted Dumplings)

Ingredients:

- **Wonton wrappers** or **dumpling wrappers**
- **Ground pork** (or other fillings like shrimp, chicken, or vegetables)
- **Ginger** (minced)
- **Garlic** (minced)
- **Soy sauce**
- **Sesame oil**
- **Spring onions** (chopped)

Instructions:

1. **Prepare the Filling:**

    - Combine ground meat (or other filling) with ginger, garlic, soy sauce, sesame oil, and spring onions.

2. **Form the Dumplings:**

    - Place a spoonful of filling on each wrapper and seal by pleating the edges.

3. **Steam the Dumplings:**

    - Steam the dumplings for about 10-15 minutes until cooked through.

4. **Serve:**

    - Serve with dipping sauce.

Orange Chicken

Ingredients:

- **Chicken breast or thighs** (cut into bite-sized pieces)
- **Cornstarch** (for coating)
- **Vegetable oil** (for frying)
- **Orange juice** (fresh or bottled)
- **Sugar**
- **Soy sauce**
- **Rice vinegar**
- **Garlic** (minced)
- **Ginger** (minced)
- **Orange zest**
- **Chili flakes** (optional)

Instructions:

1. **Coat the Chicken:**
   - Coat the chicken pieces in cornstarch, shaking off any excess.
2. **Fry the Chicken:**
   - Heat vegetable oil in a deep pan or wok. Fry the chicken pieces in batches until golden and crispy. Remove and set aside.
3. **Make the Sauce:**
   - In a pan, sauté garlic and ginger until fragrant. Add orange juice, sugar, soy sauce, rice vinegar, and orange zest. Simmer until the sauce thickens.
4. **Combine:**
   - Toss the fried chicken pieces in the orange sauce. Garnish with chili flakes if desired.
5. **Serve:**
   - Serve with rice.

Sweet and Sour Shrimp

Ingredients:

- **Shrimp** (peeled and deveined)
- **Bell peppers** (chopped)
- **Pineapple** (cubed)
- **Onion** (chopped)
- **Soy sauce**
- **Ketchup**
- **Sugar**
- **Vinegar**
- **Cornstarch** (for thickening)
- **Vegetable oil**

Instructions:

1. **Prepare the Sauce:**
    - In a bowl, mix soy sauce, ketchup, sugar, vinegar, and cornstarch to create the sweet and sour sauce.
2. **Cook the Shrimp:**
    - Heat oil in a pan and cook the shrimp until pink. Remove and set aside.
3. **Stir-fry the Vegetables:**
    - In the same pan, stir-fry the bell peppers, onion, and pineapple until tender.
4. **Combine:**
    - Add the shrimp back to the pan and pour in the sweet and sour sauce. Stir until the sauce thickens and coats the shrimp and vegetables.
5. **Serve:**
    - Serve with rice.

Chicken with Cashew Nuts

Ingredients:

- **Chicken breast or thighs** (cut into bite-sized pieces)
- **Cashew nuts**
- **Green bell peppers** (sliced)
- **Onion** (sliced)
- **Garlic** (minced)
- **Soy sauce**
- **Rice wine** or **sherry**
- **Oyster sauce**
- **Sesame oil**
- **Cornstarch** (for coating)
- **Vegetable oil**

Instructions:

1. **Prepare the Chicken:**

    - Coat the chicken pieces in cornstarch.

2. **Cook the Chicken:**

    - Heat oil in a wok or pan and stir-fry the chicken until cooked through. Remove and set aside.

3. **Stir-fry the Vegetables:**

    - In the same pan, stir-fry garlic, bell peppers, and onions until tender.

4. **Combine:**

    - Add the chicken back to the pan, along with cashews, soy sauce, rice wine, oyster sauce, and sesame oil. Stir to combine.

5. **Serve:**

    - Serve hot with rice.

Sizzling Beef with Black Pepper

Ingredients:

- **Beef sirloin or flank steak** (sliced thin)
- **Black peppercorns** (crushed)
- **Soy sauce**
- **Oyster sauce**
- **Cornstarch**
- **Vegetable oil**
- **Onion** (sliced)
- **Bell peppers** (sliced)
- **Garlic** (minced)
- **Ginger** (minced)

Instructions:

1. **Prepare the Beef:**

    - Coat the beef slices in cornstarch and black pepper.
2. **Stir-fry the Beef:**

    - Heat oil in a wok and stir-fry the beef until browned. Remove and set aside.
3. **Stir-fry the Vegetables:**

    - In the same pan, sauté garlic, ginger, onion, and bell peppers until tender.
4. **Combine:**

    - Return the beef to the pan and add soy sauce and oyster sauce. Stir to coat the beef and vegetables in the sauce.
5. **Serve:**

    - Serve on a hot sizzling plate for a dramatic presentation.

Stir-Fried Bok Choy

Ingredients:

- **Bok choy** (washed and cut)
- **Garlic** (minced)
- **Ginger** (minced)
- **Soy sauce**
- **Sesame oil**
- **Vegetable oil**

Instructions:

1. **Stir-fry the Vegetables:**

    - Heat oil in a pan or wok. Add garlic and ginger, stir-frying for a minute.
2. **Cook the Bok Choy:**

    - Add the bok choy to the pan and stir-fry until tender. Season with soy sauce and sesame oil.
3. **Serve:**

    - Serve as a side dish with rice.

Cantonese Roast Duck

Ingredients:

- **Whole duck**
- **Five-spice powder**
- **Honey**
- **Soy sauce**
- **Rice wine**
- **Garlic** (minced)
- **Ginger** (minced)
- **Spring onions** (chopped)

Instructions:

1. **Prepare the Duck:**

    - Score the skin of the duck and rub with five-spice powder, garlic, and ginger. Let it marinate for a few hours.
2. **Roast the Duck:**

    - Preheat the oven to 375°F (190°C). Roast the duck for about 1 hour, basting occasionally with a mixture of honey, soy sauce, and rice wine.
3. **Serve:**

    - Slice the duck and serve with steamed rice and spring onions.

Mapo Eggplant

Ingredients:

- **Eggplant** (sliced)
- **Ground pork** or **beef**
- **Garlic** (minced)
- **Ginger** (minced)
- **Soy sauce**
- **Doubanjiang (fermented bean paste)**
- **Chili paste** (optional)
- **Cornstarch**
- **Vegetable oil**

Instructions:

1. **Fry the Eggplant:**

    - Heat oil in a pan and fry the eggplant slices until golden and tender. Remove and set aside.
2. **Cook the Meat:**

    - In the same pan, stir-fry garlic, ginger, and ground pork until browned.
3. **Prepare the Sauce:**

    - Add soy sauce, doubanjiang, chili paste, and cornstarch. Stir to combine.
4. **Combine:**

    - Add the fried eggplant back to the pan and stir to coat in the sauce. Cook for another 5 minutes.
5. **Serve:**

    - Serve with rice.

Red-braised Pork

Ingredients:

- **Pork belly** (cut into chunks)
- **Soy sauce**
- **Sugar**
- **Rice wine**
- **Ginger** (sliced)
- **Garlic** (whole cloves)
- **Star anise**
- **Cinnamon stick**
- **Water**

Instructions:

1. **Brown the Pork:**
    - In a pot, sear the pork belly pieces until browned on all sides.
2. **Prepare the Braise:**
    - Add soy sauce, sugar, rice wine, ginger, garlic, star anise, and cinnamon. Add enough water to cover the pork.
3. **Simmer:**
    - Bring to a boil, then reduce heat to low. Simmer for 1-2 hours, until tender.
4. **Serve:**
    - Serve with rice.

Chinese Hot Pot

Ingredients:

- **Beef** (sliced thin)
- **Chicken** (sliced thin)
- **Tofu** (cubed)
- **Vegetables** (bok choy, mushrooms, etc.)
- **Hot pot broth** (chicken or vegetable)
- **Soy sauce**
- **Chili paste** (optional)
- **Garlic** (minced)
- **Ginger** (sliced)

Instructions:

1. **Prepare the Broth:**

    - Heat the broth in a hot pot or large pot. Add soy sauce, chili paste, garlic, and ginger to flavor the broth.

2. **Prepare the Ingredients:**

    - Arrange the beef, chicken, tofu, and vegetables on platters for easy dipping.

3. **Cook the Hot Pot:**

    - Bring the broth to a boil. Dip the ingredients into the hot broth to cook them.

4. **Serve:**

    - Serve with dipping sauces and rice.

Chow Fun (Stir-Fried Rice Noodles)

Ingredients:

- **Wide rice noodles**
- **Beef, chicken, or shrimp**
- **Soy sauce**
- **Oyster sauce**
- **Garlic** (minced)
- **Onion** (sliced)
- **Bell pepper** (sliced)
- **Bean sprouts**
- **Spring onions** (chopped)
- **Vegetable oil**

Instructions:

1. **Prepare the Noodles:**

    - Soak the rice noodles according to package instructions.

2. **Stir-fry the Protein:**

    - Heat oil in a pan, stir-fry the protein of choice until cooked. Remove and set aside.

3. **Stir-fry the Vegetables:**

    - In the same pan, stir-fry garlic, onion, bell pepper, and bean sprouts.

4. **Combine:**

    - Add the cooked noodles, protein, soy sauce, and oyster sauce. Stir-fry everything together until well mixed.

5. **Serve:**

    - Garnish with spring onions and serve with chili sauce if desired.

Steamed Fish with Ginger and Scallions

Ingredients:

- **Whole fish** (tilapia, snapper, or any white fish)
- **Ginger** (sliced thin)
- **Scallions** (cut into long strips)
- **Soy sauce**
- **Sesame oil**
- **Salt**
- **Rice wine** or **Shaoxing wine**
- **Vegetable oil**

Instructions:

1. **Prepare the Fish:**

    - Clean the fish and make a few slashes on both sides.
    - Place a few slices of ginger and scallions inside the fish cavity.

2. **Steam the Fish:**

    - Place the fish on a heatproof plate and set it in a steamer. Steam over high heat for about 8-10 minutes, depending on the size of the fish.

3. **Prepare the Sauce:**

    - In a small pan, heat sesame oil and vegetable oil. Add the ginger and scallions, stir-frying until fragrant.
    - Add soy sauce and rice wine. Bring to a simmer for a minute.

4. **Serve:**

    - Once the fish is done steaming, pour the hot sauce over the fish and garnish with additional fresh scallions. Serve immediately.

Fried Wontons

Ingredients:

- **Wonton wrappers**
- **Ground pork** or **chicken**
- **Shrimp** (chopped)
- **Green onions** (chopped)
- **Garlic** (minced)
- **Ginger** (minced)
- **Soy sauce**
- **Sesame oil**
- **Cornstarch** (for binding)
- **Salt and pepper**
- **Vegetable oil** (for frying)

Instructions:

1. **Prepare the Filling:**

    - Mix the ground pork, shrimp, green onions, garlic, ginger, soy sauce, sesame oil, cornstarch, salt, and pepper in a bowl.

2. **Fill the Wontons:**

    - Place a small spoonful of the filling in the center of each wonton wrapper. Fold the wrapper into a triangle and seal the edges tightly with water.

3. **Fry the Wontons:**

    - Heat vegetable oil in a deep pan or wok. Fry the wontons in batches until golden brown and crispy, about 3-4 minutes.

4. **Serve:**

    - Drain the fried wontons on paper towels and serve with dipping sauce (soy sauce, vinegar, or sweet chili sauce).

Zha Jiang Mian (Noodles with Meat Sauce)

Ingredients:

- **Wheat noodles** (or Chinese-style noodles)
- **Ground pork** or **beef**
- **Soybean paste** or **sweet bean paste**
- **Garlic** (minced)
- **Ginger** (minced)
- **Soy sauce**
- **Rice wine**
- **Sugar**
- **Cucumber** (julienned, for garnish)
- **Scallions** (chopped)

Instructions:

1. **Cook the Noodles:**

    - Cook the noodles according to package instructions. Drain and set aside.

2. **Prepare the Sauce:**

    - Heat oil in a pan and stir-fry garlic and ginger until fragrant.
    - Add the ground meat and cook until browned.
    - Stir in the soybean paste, soy sauce, rice wine, and sugar. Simmer for 5-10 minutes until the sauce thickens.

3. **Serve:**

    - Toss the cooked noodles in the sauce and serve with fresh cucumber and chopped scallions on top.

Shrimp Fried Rice

Ingredients:

- **Cooked rice** (preferably day-old)
- **Shrimp** (peeled and deveined)
- **Carrots** (diced)
- **Green peas**
- **Green onions** (chopped)
- **Eggs** (beaten)
- **Soy sauce**
- **Sesame oil**
- **Vegetable oil**

Instructions:

1. **Cook the Shrimp:**

    - Heat vegetable oil in a pan. Cook the shrimp until pink and set aside.
2. **Fry the Vegetables:**

    - In the same pan, add a little more oil. Stir-fry the carrots and peas until tender.
3. **Cook the Eggs:**

    - Push the vegetables to the side and scramble the eggs in the pan.
4. **Combine:**

    - Add the rice, shrimp, soy sauce, and sesame oil. Stir-fry everything together until well combined and heated through.
5. **Serve:**

    - Garnish with chopped green onions and serve.

Steamed Pork Buns (Baozi)

Ingredients:

- **Baozi dough** (flour, yeast, sugar, water, vegetable oil)
- **Ground pork**
- **Ginger** (grated)
- **Garlic** (minced)
- **Green onions** (chopped)
- **Soy sauce**
- **Sesame oil**
- **Oyster sauce**
- **Sugar**
- **Cornstarch** (for thickening)

Instructions:

1. **Prepare the Dough:**

    - Mix the flour, yeast, sugar, and warm water to form the dough. Let it rise for about 1 hour.

2. **Prepare the Filling:**

    - Cook the ground pork with garlic, ginger, soy sauce, sesame oil, oyster sauce, and sugar until browned. Add cornstarch to thicken.

3. **Assemble the Buns:**

    - Roll out small portions of dough into circles. Place a spoonful of the filling in the center and fold the dough to seal it.

4. **Steam the Buns:**

    - Steam the buns in a steamer for 10-15 minutes until the dough is fluffy.

5. **Serve:**

    - Serve hot.

Prawn Toast

Ingredients:

- **Shrimp** (peeled and minced)
- **White bread** (sliced into small squares)
- **Egg** (beaten)
- **Sesame oil**
- **Soy sauce**
- **Garlic** (minced)
- **Ginger** (minced)
- **Green onions** (chopped)
- **Sesame seeds**
- **Vegetable oil** (for frying)

Instructions:

1. **Prepare the Filling:**
    - Mix the minced shrimp, soy sauce, garlic, ginger, and green onions in a bowl.
2. **Assemble the Toasts:**
    - Spread the shrimp mixture onto the bread slices. Sprinkle sesame seeds on top.
3. **Fry the Toasts:**
    - Heat oil in a pan and fry the prawn toasts until golden and crispy.
4. **Serve:**
    - Drain on paper towels and serve with dipping sauce.

Beef and Pepper Stir-fry

Ingredients:

- **Beef** (sliced thin)
- **Bell peppers** (sliced)
- **Onion** (sliced)
- **Soy sauce**
- **Oyster sauce**
- **Garlic** (minced)
- **Ginger** (minced)
- **Vegetable oil**

Instructions:

1. **Cook the Beef:**
    - Heat oil in a pan and stir-fry the beef until browned. Remove and set aside.
2. **Stir-fry the Vegetables:**
    - In the same pan, stir-fry garlic, ginger, onion, and bell peppers until tender.
3. **Combine:**
    - Add the beef back to the pan with soy sauce and oyster sauce. Stir to coat.
4. **Serve:**
    - Serve with rice.

Cumin Lamb Stir-fry

Ingredients:

- **Lamb** (sliced thin)
- **Cumin seeds**
- **Bell peppers** (sliced)
- **Onion** (sliced)
- **Soy sauce**
- **Chili flakes**
- **Garlic** (minced)
- **Ginger** (minced)
- **Vegetable oil**

Instructions:

1. **Cook the Lamb:**
   - Heat oil in a pan and stir-fry the lamb until browned. Remove and set aside.
2. **Stir-fry the Vegetables:**
   - In the same pan, stir-fry garlic, ginger, onion, and bell peppers until tender.
3. **Combine:**
   - Add cumin seeds, chili flakes, and lamb back to the pan. Stir-fry until fragrant.
4. **Serve:**
   - Serve with rice or flatbread.

Chinese BBQ Ribs

Ingredients:

- **Pork ribs**
- **Hoison sauce**
- **Soy sauce**
- **Honey**
- **Rice vinegar**
- **Five-spice powder**
- **Garlic** (minced)
- **Ginger** (minced)

Instructions:

1. **Prepare the Marinade:**

    - Mix hoisin sauce, soy sauce, honey, rice vinegar, five-spice powder, garlic, and ginger in a bowl.

2. **Marinate the Ribs:**

    - Coat the ribs in the marinade and refrigerate for at least 2 hours or overnight.

3. **Grill or Roast:**

    - Preheat the oven or grill. Roast or grill the ribs for about 1 hour, basting with marinade.

4. **Serve:**

    - Slice the ribs and serve.

Dan Dan Noodles

Ingredients:

- **Wheat noodles**
- **Ground pork**
- **Garlic** (minced)
- **Ginger** (minced)
- **Soy sauce**
- **Sesame paste**
- **Chili paste**
- **Sugar**
- **Scallions** (chopped)

Instructions:

1. **Cook the Noodles:**

    - Cook the noodles according to package instructions and set aside.

2. **Prepare the Sauce:**

    - Stir-fry garlic, ginger, and ground pork until cooked. Add soy sauce, sesame paste, chili paste, and sugar to create the sauce.

3. **Combine:**

    - Toss the noodles with the sauce and top with chopped scallions.

Soy Sauce Chicken

Ingredients:

- **Chicken** (whole or pieces)
- **Soy sauce**
- **Shaoxing wine**
- **Ginger** (sliced)
- **Garlic** (smashed)
- **Sugar**
- **Green onions** (for garnish)

Instructions:

1. **Prepare the Chicken:**

    - In a pot, combine soy sauce, Shaoxing wine, ginger, garlic, and sugar. Bring to a simmer.

2. **Cook the Chicken:**

    - Add the chicken to the pot and cook until tender, about 30-40 minutes.

3. **Serve:**

    - Garnish with chopped green onions and serve with rice.

Stir-Fried Noodles with Vegetables

Ingredients:

- **Wheat noodles**
- **Carrots** (julienned)
- **Bell peppers** (sliced)
- **Cabbage** (shredded)
- **Mushrooms** (sliced)
- **Green onions** (chopped)
- **Soy sauce**
- **Sesame oil**
- **Vegetable oil**
- **Garlic** (minced)
- **Ginger** (minced)

Instructions:

1. **Cook the Noodles:**

    - Cook the noodles according to the package instructions. Drain and set aside.

2. **Stir-Fry the Vegetables:**

    - Heat vegetable oil in a large pan or wok. Add garlic and ginger, stir-frying until fragrant.
    - Add the carrots, bell peppers, cabbage, and mushrooms. Stir-fry for a few minutes until the vegetables are tender.

3. **Combine:**

    - Add the cooked noodles to the pan. Drizzle with soy sauce and sesame oil, and stir-fry to combine everything.

4. **Serve:**

    - Garnish with green onions and serve hot.

Lion's Head Meatballs

Ingredients:

- **Ground pork**
- **Water chestnuts** (chopped)
- **Ginger** (minced)
- **Garlic** (minced)
- **Green onions** (chopped)
- **Soy sauce**
- **Shaoxing wine**
- **Cornstarch**
- **Egg**
- **Chinese cabbage** (for steaming)

Instructions:

1. **Make the Meatballs:**

   - In a bowl, combine ground pork, water chestnuts, ginger, garlic, green onions, soy sauce, Shaoxing wine, cornstarch, and egg. Mix until well combined.
   - Shape the mixture into large meatballs, about the size of a fist.

2. **Steam the Meatballs:**

   - Place a layer of Chinese cabbage in a steamer. Place the meatballs on top and steam for 30-40 minutes until cooked through.

3. **Serve:**

   - Serve the meatballs hot, garnished with additional green onions.

Braised Tofu with Mushrooms

Ingredients:

- **Firm tofu** (cut into cubes)
- **Shiitake mushrooms** (sliced)
- **Soy sauce**
- **Oyster sauce**
- **Sugar**
- **Ginger** (sliced)
- **Garlic** (minced)
- **Vegetable broth**
- **Cornstarch** (for thickening)

Instructions:

1. **Sauté the Tofu:**
   - Heat vegetable oil in a pan and fry the tofu cubes until golden brown on all sides. Remove and set aside.
2. **Prepare the Sauce:**
   - In the same pan, add garlic, ginger, and shiitake mushrooms. Stir-fry until fragrant.
   - Add soy sauce, oyster sauce, sugar, and vegetable broth. Bring to a simmer.
3. **Braised Tofu:**
   - Add the fried tofu back into the pan and simmer for 10-15 minutes to allow the flavors to meld together.
   - If the sauce needs thickening, mix a little cornstarch with water and add to the pan.
4. **Serve:**
   - Serve the braised tofu with rice and garnish with green onions.

Pork and Chive Dumplings

Ingredients:

- **Ground pork**
- **Chives** (chopped)
- **Ginger** (minced)
- **Garlic** (minced)
- **Soy sauce**
- **Sesame oil**
- **Dumpling wrappers**

Instructions:

1. **Make the Filling:**

    - In a bowl, combine ground pork, chives, ginger, garlic, soy sauce, and sesame oil. Mix until well combined.

2. **Form the Dumplings:**

    - Place a spoonful of filling in the center of each dumpling wrapper. Fold and seal the wrapper into a half-moon shape, pinching the edges tightly.

3. **Cook the Dumplings:**

    - You can either steam, boil, or pan-fry the dumplings. To pan-fry, heat oil in a skillet and fry the dumplings until the bottoms are golden, then add a little water and cover to steam for a few minutes.

4. **Serve:**

    - Serve the dumplings with soy sauce or your favorite dipping sauce.

Steamed Buns with Red Bean Paste

Ingredients:

- **Baozi dough** (flour, yeast, sugar, water, vegetable oil)
- **Red bean paste** (sweetened)

Instructions:

1. **Prepare the Dough:**

    - Mix the flour, yeast, sugar, and warm water to form the dough. Let it rise for about 1 hour.

2. **Fill the Buns:**

    - Roll out small portions of dough into circles. Place a spoonful of red bean paste in the center and fold the dough to seal it.

3. **Steam the Buns:**

    - Steam the buns for 10-15 minutes until the dough is fluffy.

4. **Serve:**

    - Serve the steamed buns warm.

Stir-Fried Snow Peas

Ingredients:

- **Snow peas**
- **Garlic** (minced)
- **Soy sauce**
- **Sesame oil**
- **Vegetable oil**

Instructions:

1. **Prepare the Snow Peas:**

    - Trim the ends of the snow peas and rinse them.
2. **Stir-Fry:**

    - Heat vegetable oil in a pan. Add garlic and stir-fry until fragrant. Add the snow peas and stir-fry for 3-4 minutes until tender-crisp.
3. **Season:**

    - Drizzle with soy sauce and sesame oil, and stir to coat.
4. **Serve:**

    - Serve immediately as a side dish.

Fried Tofu with Sweet and Sour Sauce

Ingredients:

- **Firm tofu** (cut into cubes)
- **Cornstarch**
- **Vegetable oil** (for frying)
- **Soy sauce**
- **Rice vinegar**
- **Sugar**
- **Ketchup**
- **Garlic** (minced)
- **Bell peppers** (sliced)
- **Onion** (sliced)

Instructions:

1. **Fry the Tofu:**

    - Coat tofu cubes with cornstarch and fry in hot oil until golden and crispy. Remove and set aside.

2. **Prepare the Sauce:**

    - In a pan, combine soy sauce, rice vinegar, sugar, ketchup, and garlic. Stir to combine and simmer until the sauce thickens.

3. **Stir-Fry the Vegetables:**

    - In the same pan, stir-fry bell peppers and onion until tender.

4. **Combine:**

    - Add the fried tofu to the pan and pour the sweet and sour sauce over. Stir to coat the tofu.

5. **Serve:**

    - Serve the fried tofu with rice.

Chinese Cabbage Stir-Fry

Ingredients:

- **Chinese cabbage** (chopped)
- **Garlic** (minced)
- **Soy sauce**
- **Sesame oil**
- **Vegetable oil**
- **Rice vinegar**
- **Sugar**

Instructions:

1. **Stir-Fry the Garlic:**

    - Heat vegetable oil in a pan and stir-fry garlic until fragrant.
2. **Cook the Cabbage:**

    - Add the chopped cabbage to the pan and stir-fry for a few minutes until wilted.
3. **Season:**

    - Add soy sauce, sesame oil, rice vinegar, and a pinch of sugar. Stir to combine.
4. **Serve:**

    - Serve hot as a side dish.

www.ingramcontent.com/pod-product-compliance
Lightning Source LLC
LaVergne TN
LVHW081506060526
838201LV00056BA/2962